Sitio de Estaciones

Marco Antonio Paneque

Prólogo: Patricia B. Vega
Edición y corrección: Claudio Lahaba
Autor: Marco Antonio Paneque

BLACK DIAMOND ◈ DITIONS

Sobre la presente edición:
Editorial BLACK DIAMOND EDITIONS, 2015
https://www.blackdiamondeditions.com
SITIO DE ESTACIONES, 2015
Derechos reservados © Marco Antonio Paneque, 2015

© ISBN-13: 978-0692610909
© ISBN-10: 0692610901

A Néstor compañero de viaje
A quienes me asisten desde
cualquier dimensión.

Y reinarás
en tu Reino. Y serás
la Unidad
perfecta que no necesita
reproducirse, como no
se reproduce el cielo,
ni el viento,
ni el mar...

Dulce María Loynaz

El pulso de la creación poética no requiere de tiempos, espacios ni situaciones concretas. Escapa y sobrevive a cualquier condicionamiento material que pueda imponérsele, porque pertenece a otro plano, distinto del que habita el hombre común. A la vez, ambos son entidades que se saben necesarios para que, conjugados en movimientos sutiles, pueda nacer la poesía, espacio habitable en el que el hombre y su pulsión creadora dan origen a la expresión de la belleza.

No obstante, tiempos y espacios concretos determinan el marco en el que el poeta desarrolla su arte, lo particulariza y define. Ancla en el suelo para, desde allí, alzar vuelos inconmensurables en los que la letra va preñada de las voces de un pueblo, de la historia, de los colores de la tierra.

Estas cuestiones no determinan a la poesía pero la poesía puede dar cuenta de ellas, porque posee el atributo del decir particular que es siempre colectivo. Por ello, el poeta "dice" su tierra en la poesía, más allá del lugar en el que resida. Particularmente en el contexto del exilio, apuesta a la búsqueda de la belleza como una manera de sobrevivir a la nostalgia, porque la belleza sí es un territorio que puede habitarse libremente.

Éste es el signo en la poética de Marco Antonio Paneque.

Hay en su escritura una voluntad de síntesis estética de caminos transitados, paisajes grabados en la retina, experiencias compartidas, afectos. En el clímax de lo individual, este poeta se nos vuelve universal, por lo humano; trasciende el espacio impuro del poder y sus fronteras para ganarle la batalla al miedo y al silencio.

Forja la poesía como el lugar en el que el ser confía pueda existir lo verdadero, por crudo que resulte a veces; un continente prolijamente cuidado y trabajado, despojado de artificios ornamentales. No hay sitio allí para las apariencias, es indispensable resguardarlo de lo fútil y dañino: la poesía es el motivo de y para la supervivencia.

Imbricado en ella, el amor en sus más variadas formas y dimensiones atraviesa toda esta obra, concebido como parte de una totalidad universal ineludible, inexorable.

Acude a la poesía para dar cuenta de un sujeto sensible que desea la proximidad con el otro. Y, claro, ese encuentro sólo puede producirse en y por el verbo, en la alternancia de voces y vivencias que conforman el decir poético: la infancia, la familia, la amistad, la pareja.

El mundo entero se condensa en la escritura y la aleja para siempre del olvido.

En esa dirección, la memoria es el punto de enclave de los planos temporales y espaciales por los que transita el sujeto poético: el lugar que expulsa y el lugar que acoge conviven en la conciencia. La patria se vuelve imaginaria, es ya un territorio inasible que sin embargo se re-construye a partir de recuerdos selectivos en un nuevo espacio que se busca asimilar, pero que debe –como requisito necesario para ello– ser transformado en lenguaje.

La escritura literaria deviene entonces en posibilidad de concretar también ese proceso a partir de la exploración artística de los significados previos y actuales. La nostalgia, pues, no es simple añoranza de un pasado idílico, sino la razón que fundamenta el presente en el que se inscribe el poema, y de ese modo la memoria se salva de "ser la fruta que alimenta las bestias".

Éste es Sitio de Estaciones, la más reciente producción de Marco Antonio Paneque. Tiene en sus manos el lector la oportunidad de descubrirse a sí mismo en estos poemas, al mismo tiempo que recorre los versos que desnudan el alma del poeta.

Tiene también el inmenso poder de desentrañar y asignarle todos los sentidos posibles, completar las palabras con las voces propias y ajenas que acuden sin dudas al momento en que se encuentra
con el texto. Pero sepa además, querido lector, que está asumiendo la enorme responsabilidad de dialogar con una escritura comprometida, potente, capaz de conjurar en la palabra todo el poder de la tierra que llama y el cuerpo que se entrega. Porque en Sitio de Estaciones la Patria es la Memoria.

Patricia B. Vega
Río Gallegos, Abril de 2015.

El aplastante TODO

posteridad del siempre construyendo los días
animal amaestrado de lo imposible
ausencia
orquestada en un futuro despojado de flores y rincones
simulacro de lo unánime
más allá de la misma inercia
que nunca fue inercia
porque otro movimiento la conmueve
el TODO
contundentemente único
ocupa un espacio sinfín y otro punto encima del infinito
todas las maneras de la muerte
de la vida que elige ser siempre vida
o morirse TODA
una rima asonante
o un pájaro que siendo árbol
ahora es TODO PÁJARO también domesticado
un cauce que confluye en otro cauce
donde TODO se encuentra
y choca
y se mezcla
exclusivamente TODO
la ancestral alquimia del caos
de donde nace la NADA

Una canción me canta

celebra como perfección imposible
la nota que falta a la boca
Un poema me escribe
me pierde en los versos
me fractura en cristales encendidos
para dar vuelta a la piel e iluminarla
Un cuadro me pinta
prolonga nervaduras del infinito
en el sentido vertiginoso de un paisaje
donde la luz lo aventaja
Un lápiz me escribe
me dibuja labios en voz alta
la transgresión de ser el espejo
de otros labios abiertos
Una luna me hace menguar
en la salida necesaria de la noche
me arrebata los últimos sueños por morir
los nidos que soportan los dioses del día
Un hombre me ama
en su punto más infinito de las diferencias
no entiende de
canciones
poemas
pinturas
lápices

ni lunas
pero su verbo es irrevocable
y levanta ese muro donde siempre me acorrala

Andaba de rostro en las plazas de la memoria

un día de ser rostro
de ser y hablar como rostro fabulario
con la primera palabra vertical de la boca
del verbo descalzo
de furia que puede brotar del fuego
de todo lo que calla
destierra el grito con el alma suspendida
prepara en los ojos el próximo atentado
comulgan posiciones intermedias
para arrinconar la voz en la topografía de un silencio
sin aristas
De cara obligada a sonreír en su propio follaje
de beso que respira su beso
su estar de arrinconar la boca
ser amado en la ventana
para que se multiplique o pierda la inocencia
el amor regrese
y ser el rostro sin relieves que siempre espera

El problema

Y es que no quiero pensar en los muros
como diafragmas
como solo muros
límites de piedras entramadas
para separar el vértigo de respirar
de la lluvia suburbana y la catástrofe
No
en las mentiras con su singularidad cósmica
en la ciudad subterránea
que construye sus propios laberintos
en el permanecer intemporal del mar
su voz blanda profanando la orilla
El problema es el espacio sin la estática de los días
el ir y venir unánime
detrás del romper que me sobrevive el sin sentido
el problema es el cristal
que hace clic sobre el verde y cambia la realidad
el problema es el color
el color

Y es que los muertos se lloran

Hasta la terrible hora
vendré desde las multitudes
a otros les parecerá una herejía
comulgar con los cobardes
llorar junto a la estatua de Lenin
escribir un discurso apologético
a ese señor que se enciende
como tambor buscando música a su paso
aprobaciones domesticas con certificados oficiales
y es que cuando nace un muerto
aplaude el destino sus manos gloriosas
detrás un jardín improvisado de flores conmovidas
que no mueren como otras flores
llueven en las pupilas
su olor de rosas marchitas perfuma la memoria
habla de viejos muertos
de soledades y noches tristes
Morir es la osmosis forzada
de romper todo el treno que irrumpe
el octavo arte
desde la vida
hacia la vida
Morir en cualquiera de sus formas es morir
y los muertos se lloran con los ojos
con las manos y la memoria
los muertos se lloran
se lloran y punto

Estado de límites

Un salto al vacío
de quienes nos alejamos de los
límites del agua tal vez para siempre

Claudio Lahaba

I

Me susurró que había huellas en el río
que algunas tristezas habían naufragado
a la disolución
que signaron el agua con círculos
y hojas secas caían sin recuerdos
de árboles
de pájaros

II

En toda forma de partir hay dolor
cada hombre es subsidiario de sus miedos
en alguna hora se reconoce lejos
tal vez para siempre forastero
la memoria puede ser la fruta que alimenta las bestias
la súplica de los días en la fiesta del nido
tan sencillo como un recuerdo
que no quiere ser más recuerdo de nadie
el olvido que incita en acontecer
sin ángeles o estaciones
sin gaviotas ni ojos en lontananza

Y yo que insisto
me escapo de mí para cambiar de rumbo
Me enseñó a recordar que moría de canisteles
carretones cantando adoquines en la calle mayor
el alba:
pan sobre el deseo
de incendiar las manos y atrapar el sol en el bolsillo
un día en la fragancia del aire
que pueda tocar con las manos
de bandera enamorado con la estrella rompiéndome la
frente
un día en Gólgota donde fui crucificado
donde resucité
en el nombre de todos mis recuerdos y mis muertos
para escapar a este paraíso

Para matar

Para matar al destino
mastica su cerebro
su sangre de animal tridimensional
ensaya sus ventanas
la felicidad aparencial de alguien que construye
sueños sin jaulas
flores para la última batalla
Despierta vertical
imposible de miedos
más que esa línea causal
que se detona como ciertas líneas suicidas
Reserva el hoy
el elogio de perseguir la felicidad
desaforadamente
cotidianamente
desesperadamente

Primavera

No maldigas las flores tras los vidrios
disimula agazapado
donde puedas amoblar tus ojos
con la inaudita geometría de colores
no tales la primavera
ni intentes desarmar sus matices de eclosión
El fanal inviolable de la luz
es una estampida de anuencias estivales
el tiempo construido por los espectros de los jardines
su promesa más fiable es la hora del limonero
constelación de la tarde
como paisaje huidizo de puntos amarillos
No interrumpas al zorzal
su pecho gotea
inundado en voces de sonidos ajenos
saborea su canto de un mordisco
su sueño estepario
sus alas caminando el viento del este
No derribes la primavera
ni prendas flores en el asfalto
la nieve pulsa tu aire como hijo prodigo
no escupas el vidrio
disimula agazapado
donde puedas amoblar tus ojos
hasta que el invierno pise tu espalda

Ente

Te iras muriendo sin morir
sin nadie que detenga tu holocausto
porque entre morir y muriendo hay una pausa
un lapsus argumentado con tristeza de cuerpos
anárquico
troglodita
Ahora serás un neologismo
un hombre anverso en la barriga del destierro
sin frutas que juntar
ni estrellas maduras
un hombre infranqueable
con aroma de caos en los ojos

Subsidio

Pasas por mí como subsidio
que me hace mortal la inocencia
nadie escribe su voz miserable en la puerta
calcula públicamente su pendientes y atalayas
Soy ese árbol olvidado de pájaros
abrazando señales de retornos
cantos de ramas
o reencarnaciones
de otros árboles aunque fueran moribundos
Llevo un vestido de golondrina transparente
para ocultar o mudar mi piel
al vuelo acrobático de cada tarde
Me descubro cursi
arrojando el corazón como pedrada
cabalgando con él
más fiel que lentamente
y el futuro
un amparo
un discurso que abrazo
con añoranza de cocuyos
de amigos que maldicen su casa
su retrato en la pared
se disfrazan para cruzar esa burbuja que habitan
y que yo sueño de vez en cuando

Decreto

Prohibido prohibir ser otro
todo es un cuerpo que se abalanza
desde el ombligo hasta caer de bruces
Cualquiera puede construir sus soles
trepar sus calvarios con absurdas estrellas colgadas
de las manos
presentirse pájaro sino hombre o flecha la revés
acechar su propia muerte
o confiar demasiado
Cualquiera puede llover flores de su costado
redentor de sus miedos y emboscadas
acomodar los latidos en otro pecho dispuesto
entre endechas y abrazos como manjares
todo admite lo soñado
la piel como trono de orgias
la voz del concilio y las abjuraciones
la novicia galopando penitencias
el anticristo masturbándose en la ventana
todo
todo puede ser un argumento

Nadie como yo........

Nadie como yo habitó los bordes
vio al hombre devorar al hombre
como cosa habitual de la devastación
Nadie se abalanzó sobre los retratos
sobre su olor a cuerpos incendiados
lloró el parnaso
arrodillado ante los ojos de un Dios moribundo
ni vio la vida desnudarse
mujer acribillada
por pupilas robando sus caderas
Me persigue el remordimiento
la quietud que ningún arcángel conmueve
ese extraño deseo de mar por delante
donde la huella y cada vuelta es un inmenso delirio
nadie me duele en la memoria
ni esa grieta que divide mis recuerdos
pone lejos la milagrosa idea de la redondez
de un sol calcinando una ciudad que apenas reconozco
Han sembrado derrumbamientos en mis recuerdos
una plaza sobrenadada de cadáveres y elegías
nada peor que la muerte que se insiste atroz
amordaza el equilibrio
que puede romperse
e improbable instituir la felonía
como forma sagaz de vivir
Alguien escribe sobre mi piel el olor de las paredes
de las bestias que hay que devorar

administrando el canibalismo

para sucederme más allá de pronunciarme a mí mismo

en la envoltura de aquello que pareciera ser un

HOMBRE

Se escurre el pasado como un ángel tras la boca

derribando las únicas puertas posibles erigidas como
monumentos
olvidar esa ciudad que puede saltar de las postales
contraponerse en el horizonte de mis anhelos
con hijos devorados en la metástasis de un mundo al
revés
Han bostezado miserias en mi rostro
echado en cara el escalofrió servido en los ojos
donde habrá recuerdos
interminables ríos de mares por la boca
El corazón:
un equilibrista gravitando el vacío
late su nombre sin sombras
de triste sobre su cuerda
de corazón salido del pecho
todo el despertar que pesa
desgarra
se te sirve en la sangre para la rabia de vivir
sobre el oficio que crucifica la esperanza
resucita salvadora para esas cosas que siempre
anhelaste
Sirve que venga la vida de golpe
me hable de sus besos y sus vestidos tristes
algún tragaluz se salga del cuerpo
y ruede sobre el pasado de caerme vivo
esas puertas erigidas como monumentos
registren la hazaña o la hecatombe de vivir

Cuando me he parecido a lo que recuerdo

Ya sé que fue tu instante de plegarias y flores
cuando pusiste el pecho a la intemperie
para morirte de mi voz
a quemarropa
a desflorar tu desnudez
afilada como palabra
que ya no es el diptongo ni el susurro que consagró la
                                        primavera
la palabra intemporal de uno contra el otro
púbicamente bélica
el otoño que escapó donde el tiempo ha sido
                                        consagrado
Soy la contraparte de todo lo que dice ser tu boca
el que ya no es más el pasado
el niño de la Habana que apostaba a la suerte
a los veranos en Paris
se moría de glamour en una esquina de Infanta
con toda la ciudad en fuga frente al mar con su nombre
Como enamorado
puse en tus labios un big-ban de aguaceros que
devoraste con júbilo en tu papel de muchacho
                                        agradecido
cuando la vida se sentía donde viven confiados
                            cronopios y esperanzas
donde las supernovas son apenas luciérnagas
que no serán estrellas
ni yo el amante aunque sea
quien siempre vuelve en el próximo recuerdo

A modo de explicación

No se trata de la ausencia que ha sido su tumba
de naufragar todos los días y celebrar ese cuerpo
que ahora concurre en otro rostro para morir de nuevo
borrar las aristas del asesino
mientras se enfría despacio
se traga su muerte ficticia
Debió susurrarle con desmesura
que no se puede confiscar el sobresalto
aunque las puertas se separen
los laberintos de destrezas colapsen
Dédalos reclame los arcángeles del estuario
                                como ciegos dioses del suicidio
arranquen sus alas de plumas alevosas
en el sueño del hijo roto
que no comprendió el espejismo de morir
el argumento de ser Dios en la estrechez de mil
fantasmas
No se trata de la ausencia que ha sido su tumba
el vientre
el latido del guijarro
la vida sujetada a un hilo remoto
en las mortajas de una ciudad
tragaluces y discursos de salvación
Es la idea la que te aplasta
construye aullidos con retazos de bisagras
embriones de héroes intrascendentes
Has desperdiciado lo que podía ser efímero

alguien instituyó deliberadamente la mentira
que es simulacro de un puente sobre
otro puente impreciso
donde constela el vientre tutelar de la vida
el centro donde la muerte regresa a veces
a agazaparse como un pez

Donde es ahora mi casa

En el centro del tropo donde soy cóncavo
el sur dibuja todos los puntos infinitos
la casa
las plazas del amparo
la esperanza sobre un pétalo
el pétalo que se ensancha sobre el tallo que lo retuerce
Perdura un mar que se desovilla bilingüe
puntadas de peces en el costado
Cristo que se resucita a cielo abierto
como el último muerto
la última isla que respira sorbo a sorbo
cae sin romperse sobre el agua verdinegra
a salvo de Trajano
de trenes en el borde de la ciudad
balsas en las playas
como parcas huidizas al supramundo
para los desconocidos de Dios
donde cantó su tumba una tierra recortada
el fuego incendió el agua
y la vida per/dura

Palíndromo

La vida arde en la boca
acecha como muerte suplente de quien sobrevive
Átropos a veces Aisa
incisiva e insolidaria
ni más teológica en sus vértices
ni concurrente en la imprudencia de no girar
cortará las horas para los hombres
lloverá minutos sin rostro
torrencial
sobre el pan y el atajo
Queda malgastar los párpados
soñar argumentos cabales
con espanto ensayar los abrazos
que significan triviales menudencias
la fatalidad de un rostro que regresa
en este relámpago que es la vida
para arder en la boca

Alegato frente a tu cadáver

A: Analía

Yo no diré las palabras mortales de tu homenaje
no temblaré de lado a lado
al pronunciar un esperado discurso de trincheras
                                          y sacrificios
quiero respirar tu muerte
después de todo
resultaría impropio cualquier euforia
rasgarme la ropa
declararme inmune a la inconformidad
Las puertas que te nombran se han cerrado
morir en cautiverio
en el espacio interior de un cuerpo
es una verdad transparente
y no hay que llorar las verdades solemnes
o esputar argumentos que pueden ser catastróficos
Yo
soplaría sobre tu frente escueta de luz
celebraría ese algo irreversible
que es morir
la desventaja del que se adelanta

Sobrevivir

Entonces
sobrevivir es comprarse un cuerpo impermeable
bailar un discurso revolucionario
de rojos desatinados
que arman y desarman la plaza enemiga
Los hombrecitos tenebrosos de julio
desgarrando sus banderas
al punto mismo de espejismo improvisado
Sobrevivir es
admitir la recién inaugurada manera de morir
aplastado por el pentágono
por las ampollas hermanas que resultan menos
enemigas
no volver el rostro a las estatuas sospechosas de
conspirar
recalcular los puntos cardinales
sobrevivir también es escapar

Gerko.te

Se enciende tu voz como una herida
y quiero tu nombre donde quiero tu cuerpo
donde puse mi cadera para extrañarte
tu lengua que enfunda mi falo
erectadamente procaz
desordenar la floración
que te nace por la espalda
cuando ya estoy estremecido de piernas
cuando desesperadamente loco
rompa el borde de tu prudencia
tropiece desnudo con tu brazos
mansos de renunciar a no abrazarme
cuando sin otro pretexto también te abrace
y te atraviese
y cristifique
el espacio carnal de tu entrepierna

Partes iguales

Ese odio que eres dobla las esquinas
el rostro de la ciudad y sus escombros
los aviones y los peces más predilectos
el pico del ruiseñor y también su canto
la elegía de los árboles que columpian los muertos
los faros que el tiempo derriba
cada casa
cada cicatriz sin importar donde empieza
el dolor enfundado en el índice
la infancia remendada a tal punto insomne
las victimas de tus dudas
las nubes inmóviles en el espacio
la insinuación del ojo y sus designios
el crepitar de cada hoja en su caída
las luces incandescentes en mi cabeza
el miércoles de ceniza
las arrugas en el rostro de la perfección
el miedo que no es tu miedo sino el anverso
el planeta apuñalado en tus caninos
y a veces,
solo a veces
mi odio sempiterno

Simplicidad

El oficio de inventar lo que poseo
donde se supone es más real
respirar gestos
derrotar la derrota
habitar peces
se remite a todas mi razones
Razonable
es esto de ser desde siempre
y serlo también en el reverso
en la simplicidad de la estática
en la tarde que colapsa
cuando la muerte se vuelve un gesto
un anhelo de flecha
al margen del oficio
de inventar todo lo que poseo

Envidia

Mi intento por alcanzarte
fue romper tu vuelo
verte rodar
caer en picada
deshojar tus alas
que violentan mi trascendencia
aplastar tus sueños
y que te mueras como yo
a ras del suelo
sin destrezas
ni otro adverbio que
DEFINITIVAMENTE
con temor a los bordes
sin alas y con muchos miedos

Megalomanía

Uno a veces cree que se ve entero
en el centro de una fracción
en el vacío de lo sucesivo
Suspendido
en el vidrio de una ventana
en el charco
en su único ojo reminiscente
ese facsímil
siempre tiene la ventaja
la ficción es el otro
el que se asoma
y se dilata como una pupila
y se esconde cuando se encuentra finito
y se muere de miedo en su cuerpo sin reflejos
uno a veces se cree el que escapa
pero nunca se regresa
de los espejos y los charcos
bastaría con ser uno mismo
pero no es sencillo ser solo el alma

Más al sur todavía

Incapaz de todo mar
sin un peso de aguas interminables
sobre las cicatrices
formas de las verdades más tristes
días sin relojes
míos como
la sangre que se levanta a ganar el aire
y no alcanza a pájaro
y en el aire sigue siendo nada
Me vuelvo a este rincón sin orillas
sin velas ni albatros
en la oscura epístola del musgo
veranos septentrionales
sin un saludo cosido de azúcar
ni mamoncillos en mis adoleceres de dulzuras
me vuelvo más carne
más tierra donde he echado raíces
más al sur
más al sur todavía.

Logos

El día trueca el aire con polvo en los ojos
las lágrimas retroceden
a mansalva de otras recordaciones
cuando la tristeza sobraba en los repasos de las
palabras
el cielo como una burbuja se desintegraba en mi cabeza
Ante este silencio
retorna el amigo que me abraza
la ternura de un fantasma de mayo
días enteros de ausencias
otros
en el rectángulo vertical de la muerte
todo hombre precisa una tristeza
un grito que se quiebre sobre su verdadero nombre
un hilo
sentirse marioneta de otras pieles
de cosas parecidas a la luz
silencios
abrevaderos de pájaros
que sin ser palabras – resuenan
todo hombre es un azar impronunciable de otras
formas de silencio
un punto medio en el vacío
una campana
un derrumbamiento de luz

Confesión(es)

En mis mapas no hallarás
pretextos de recordaciones ni hecatombes
necesito fragmentarme
que se derramen las aguas cien veces invocadas
los pilotes de mi casa se abran
apuesten con echarme la muerte en cara
La primera lágrima sea sangre
abriendo paso a
inviernos que regresan al acertijo de la lengua
y estar muy triste
cuando la suerte me sorprenda
con todo un beso de abolengo en la frente
un agua tangente se precipite en mis pupilas
la noche duela
como sombra distinta
el día se desencuaderne
mutilado del hoy que se marcha
necesito morirme y resucitar
resucitar

Para que me recuerde el verso

Para que me recuerde el verso
y en su boca quepa mi boca
que se vende a la miseria
y de hambre se disfraza
divulga sus miedos
sus llantos
como grafitis en las paredes del tiempo
hambre para cantar
el simulacro de paisajes incendiados por la inmundicia
voy a cambiarme el nombre
a estrenar el remordimiento de llamarme el último
melancólico
yo que he abrazado las noches en que tiemblo
que perdí la tonada
el río creciendo sobre las amapolas
donde los peces son frágiles y tiemblan sobre las
piedras
los ojos en los besos de la turbamulta
los miedos en la repartición del oráculo
y pueda ser el mismo
y asumir la simplicidad del pecho
hacerlo florecer como espigas saltando de sus mortajas
desnudarme
y en los desfiladeros de mi cuerpo
plantar el verso para que me recuerde

Testamento del loco

A Gaspar Calafell:

Un   loco que canta a su locura; ama el mar y su insensatez.

Yo soy el loco
el que vuelve siempre desde su epitafio
mi cordura duerme en otro rostro que me iguala
donde la sombra hizo su casa
enterró los zapatos del volver
la nieve borró toda huella de regreso posible
siete bestias conspiraron para salvarme
su danza es el ojo alucinado de Van Gogh
me persigue
con su círculo oscuros
donde hemos de entrar desnudos a mirarnos
las estatuas trocaron sus mármoles
locas por el anhelo con que la demencia abraza
El loco es una salutación al alba
al oficio que te entierra como *raíz amorosamente*

enloquecida

te guarda de lo efímero
de las ambiciones y el desamparo
donde no quieres ser lo que recuerdas
no la semilla
sino carne mientas dura la perfección
Yo he visto caer a Babel

estrepitosamente
sobre mi cuerpo salobre el desaliento de mis absurdos
arder el agua más allá de llover luz sobre la madrugada
islas de rodillas
caníbales creciéndole en la garganta
como profanación de la vida
palomas suicidarse en la verbena sacratísima del huevo
un loco impalpable
roca de amor y equilibrista
balbuceante de sus mares en el verano de los peces
sentado frente a la vendimia de los cuervos
pregoneros de la floración
Puedo olvidar lavar la tierra al desgarrarme
llorar al hermano como si estuviera vivo
sería solamente un loco mas
aunque yo sé lo que soy
y no vendo mi nombre

Recompensa

Cuando la muerte te nombre
con su boca irracional
Y ese frio que te abraza los ojos
Y congela tu risa
devuelva a la sombra la sombra de tu paso
tu discurso sea paladeado vorazmente
donde cabe tu nombre
preciso
incivil
perplejo te vuelvas como un espiral
literalmente hasta los huesos
entonces sabrás si vale la excusa
de morir

Cualquiera puede gritar......

Cualquiera puede gritar
desnudarse en el ostracismo de una calleja
silbar un réquiem
Cualquiera y digo cualquiera
puede escupir su rabia
que no es lo mismo que su odio
vomitar un discurso imprudente
sin estremecerse
sin mojar los labios ni sonreír
(porque no estaba en el libreto)
Cualquiera puede saberse muerto
Pero pocos
contemplar su propio cadáver

Amantes

Tú y yo
hemos sido amantes
Tú
de lo frágil
de lo imposible
del sol que se rompe
en su caída cenital
Yo
de la realidad a mano limpia
del silencio y el alma en combate
del brazo que no tiembla
si decapita
pero amantes al fin
y aunque en yuxtaposición
hayamos perdido
lo que en el amor se pierde
nuestra consagración sigue en pie
contra toda duda

Soneto del Beso

No cantaré en tu voz, ni en otra ajena
ni le diré a la noche que por eso
se derramó en tu boca el inconfeso
beso, beso que tu boca enajena

No buscaré en tu noche la serena
razón, que me contenga al fin ileso
pues volveré a tu boca por el beso
de condenada boca que condena

Que atrapa que devora con ternura
tu beso manso palmo al que me arraigo
al pacto de tu boca que es anchura

Conjuro de besar en el que caigo
desnudo y a tu incivil comisura
tu beso como una bestia cabalgo

Transcurrir

Primero fue una ventana
una ventana abierta respirando
obedientes marcos al sueño de jardines
el verde vertiginoso
soñado,
posible
de vidrios intactos
para escribir la ira o el beso
Después
una ventana vieja
más cuadrada
más oscura que una palabra sorda
infastuosa
infloral
sola
cerrada

Y ser un pájaro

Ser un pájaro
es un cartel
un ser hostil que se desnuda
del hijo
de la casa
del mundo
del brutal mundo que lo enjaula
sale a volar
el
puto
joto
cacorro
marica
playo
mariposa
a volar como los ángeles
a volar

Mariela

Cuando llegó Mariela al pueblo
no dejó títere con cabeza
su oficio de meretriz urbana
fue toda una revelación
Tenía hermoso culo y líneas perfectas
Una cabellera rubia a lo Monroe
y hasta un vestido rojo vaporoso de holán fino
solo para ocasiones
Mariela
conocía el arte de mover todo
mover al mundo
las caderas y la imprudencia
si
Mariela era maestra en el oficio de vivir
y hasta de improvisar la vida
sabía saltar verjas y ventanas angostas
contorsionismos para permanecer
Mariela era buena
triste como toda puta de pueblo chico
Sus flores eran las más hermosas
cada marzo adornaba su casa
por esa rara premonición que siempre tienen las putas
de que su amor está por venir
Mariela hoy cumple 82 años y vive sola

A propósito de Neruda

Te seguía
sin importar los muros de silencios
después de los adioses
después del amor que imaginé
más allá de las banderas
de besarnos en la balcón compartido
con las sabanas al viento
o talvez porque los recuerdos nos jugaron
una mala pasada
Te recuerdo a propósito de agosto
porque nosotros nos amábamos
desmintiendo el aire
uno por uno todos nuestros sueños derribados
Trocha y el parque Dolores
argumentando la esperanza como una casa
donde abrir de par en par
la catástrofe de muchachos felices
Aquello de mirarnos de lejos
levantar los dedos en forma de victoria
del que espera volver convertido en amante
para próximos ayeres
Te soñaba
y no era una excepción
sino una demostrable apocalipsis
de la que resucitaba
cerca o lejos
pero partidario del solo fruto de tu entrepierna

una vez y otra
en el sueño espiral de prometernos
la vida
la muerte
la casi indestructible manera de amarnos
horizontales o en contra-picada
pero siempre

Si pudiera decidir cómo morir

aquí donde están siempre mis palabras
desgarradoramente inmediatas
donde retroceden los dioses
en el aire se inclinan sobre la misma muerte
Me iría despojando
de los días que se igualan a las noches
se prenden en los ojos vacíos del miedo
adioses juntando los labios que tuve
como soles para encender la vida
ese optimismo en la boca
de reloj apuntando las horas decisivas
recuperar el paroxismo de prometer besos
golondrinas
flechas con irreverente olvido
desesperaciones intactas de azares
quemando el alba
presunciones de ternuras por el costado
Me dejaría resbalar
porque pienso en la muerte como coraza
que te aplasta valiente
te llora
te devuelve la lucidez de ser solo grávido
el indicio de un exilio
más bien una repatriación al alma pura como cuchillo
dibujar el grito con acordes de una sinfonía suicida
maldita pero convexa

que magnifica la consternación de un alma viva
en el principio donde fueron todas las cosas
Elegiría morir
como noticia clandestina
simplemente en el aire
cuando el aire cabalgue mi muerte
me vuelva respirable para el olvido de todos los días
y en los andenes de vértice ser solo un abrazo

Jitandécima a una abejiluz

Plabaluna solitera
flota melaba calignea
melisprecisa florignea
colirosa lambucera
abejipulcra embustera
bolaba la sombrilarga
omnivital cuasiparba
bruñida de pluritodo
calzas rayadas a modo
de colita melifarba

Mulsa rosa volandina
rubacea de sonrojores
abejiluz mil colores
ridandante alifina
meliflua primaverina
negrirayada e inqueta
amarilli rayi prieta
albifruta voladora
pispicúcea probadora
melífera pizpireta

Sentado en esta decisiva infancia

de mirar la ciudad desde dos ventana únicas
y egoístas
un adiós que es regreso a la propia anarquía
la inocencia y el temor todo pretérito de un golpe
cada cual sin futuro de ser vorazmente engullido
por hordas de socorro
por cuervos que emigran a los ojos
y reclaman tu pan
tu pudor por el solo indicio de parecer un pájaro
de decirlo con los brazos abiertos
para que nadie levante cercos de abismos
tradiciones cívicas
intemperies de Dioses y gatillos
después de todo la infancia cabe en su propio
inventario
hay logaritmos en el juego de ser niño
de abalanzarse sobre los sueños
sobre el adviento de los amigos
de la vida que viene después
se resume en la entelequia de convertirlo todo
en abrazos y trofeos
donde tan solo una palabra redonda
erige tu casa
como todo lo necesario
cuando construye sus andenes
para las alas convictas de soñar la esperanza

Nombrarla a usted

A Analia

Es que de solo nombrarla a usted me siento optimista
anuncia la felicidad
como fino graznido de fanfarrias
parece estremecedor
que una sola palabra sea rentable
para cruzar los límites
la partícula de Dios en un recuerdo
que me aclimata
me aclijode
espanta desde adentro a la otra orilla
la de la alegría sin apariencias
sin recuentos ni yugos
porque pierdo la soledad
una guadaña aniquiladora de tristezas
importa en todo centímetro de instantes
tu nombre un escondite para cualquier sacrificio
nutricio
tangencialmente necesario
yo diría posible
y eso significa gritarlo contra el muro
en las canciones
sobre la cama
en las plazas

en las antífonas de boleros y tonadas
una botella al mar y su obligación de ser evangelio
más bien disimular
el azar y la alegría sin excusas
Tu nombre un orgasmo
un atributo semántico

Creímos siempre la misma mentira

la casa
la otra muerte
la luz infinita sobre los huesos
....

Encierro mis gritos
pero igual me mueres
sin ojos
sin claustros
sin nombre
igual me mueres
....

Y fuimos dos locos
naufragábamos en las palabras
con esa maldita indiferencia de la unanimidad
hasta que paranoicos
empezamos a medir las consecuencias
de estar siempre de acuerdo

INDICE

DATOS DEL AUTOR

Marco Antonio Paneque Gamboa, nacido en la ciudad de Manzanillo, Cuba en 1971. Dr. en Medicina graduado en 1995 en la universidad de Granma. Reside en Rio Gallegos, Provincia Santa Cruz, Argentina.

Fue miembro de la Asociación Hermanos Saiz que agrupa a poetas jóvenes de la Isla de Cuba hasta 2001.

Vinculado desde joven al movimiento literario de su ciudad natal. Galardonado en varios concursos universitarios.

Premiado en el concurso Poesía de Amor en 1998 en Manzanillo.

Mención de honor en el XLII Concurso Internacional de Poesía y Narrativa "Unidos por la Palabra" que convocó el Instituto Cultural Latinoamericano en el 2014 en Argentina con poemas publicados en dicha antología.

Vinculado al movimiento literario de la ciudad de Río Gallegos, Argentina donde reside actualmente.